...mme patriotique
de Hesse-Hombourg

PROGRAMME

DE LA

SOCIÉTÉ·PATRIOTIQUE

DE

HESSE-HOMBOURG.

PROGRAMME

DE LA
SOCIÉTÉ-PATRIOTIQUE
DE
HESSE-HOMBOURG,

Pour l'encouragement des Connoissances & des Mœurs ; sous les auspices & la protection de SON ALTESSE SÉRÉNISSIME MONSEIGNEUR LE LANDGRAVE DE HESSE-HOMBOURG :

AVEC UN PRÉCIS

De l'origine, de l'objet, & des progrès de cet Institut, & la liste des Membres actuels de cette Société, Affiliée à la SOCIÉTÉ-ROYALE PATRIOTIQUE de Suede, &c

AMORE ET LABORE.

A HOMBOURG-EZ-MONTS,
de l'Imprimerie de la SOCIÉTÉ-PATRIOTIQUE.

M. DCC. LXXVII.

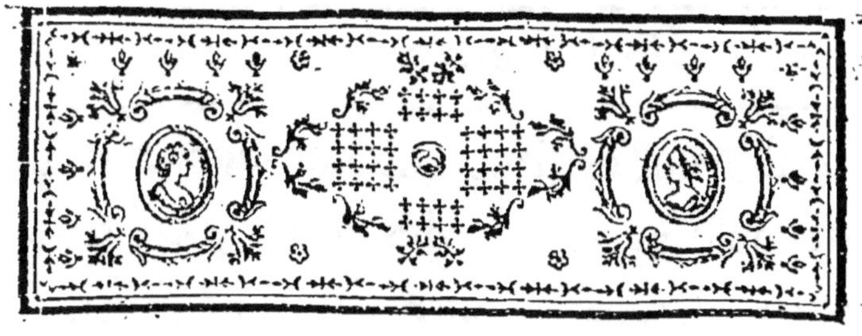

PROGRAMME

DE LA
SOCIÉTÉ-PATRIOTIQUE
DE
HESSE-HOMBOURG,

Pour l'encouragement des Connoiſſances & des Mœurs, ſous les auſpices & la protection de S. A. S. Monſeigneur le Landgrave de Heſſe-Hombourg, avec un précis de l'origine, de l'objet & des progrès de cet Inſtitut & la liſte des Membres actuels de cette Société Affiliée à la Société Royale-Patriotique de Suede, &c.

AMORE ET LABORE.

DISCOURS PRÉLIMINAIRE.

IL exiſte des Sociétés pour les Sciences, pour les Arts, pour l'Economie, pour les Mœurs, pour les Langues;

A

mais il n'en exiſtoit encore aucune qui ſe dévouât au ſervice des autres, en faiſant circuler dans toute l'Europe ſavante les connoiſſances & les découvertes de chacune de ces Sociétés. C'eſt ce défaut de communication, c'eſt l'éloignement des lieux, la différence des langues, & nous ne le diſons pas ſans rougir, les préjugés nationaux; qui ont retardé ſi long-temps les progrès des Sciences dans les trois quarts de l'Europe.

Une Société nombreuſe dont les Membres, par tout diſperſés, mais liés entre-eux par les mêmes vues & par les nœuds d'une eſtime réciproque, établiroient une correſpondance générale entre les Sciences, les Arts & les Mœurs de tous les pays, une telle

Société feroit fans doute le moyen le plus propre à favorifer cette communication : tel eft l'objet de notre Inftitut.

Le defir de concourir à l'utilité publique a raffemblé les divers Membres qui le compofent : perfuadés que l'homme utile eft l'homme de la Société univerfelle, le Citoyen de la patrie univerfelle, & qu'il n'y a que l'homme utile à qui il foit permis de prononcer le nom de PATRIE, nous n'avons pas craint de préfenter notre affociation fous la dénomination de SOCIÉTÉ-PATRIOTIQUE, parce que nous fommes difpofés à remplir tous les engagements qu'elle renferme. Ce fera par une union inaltérable & par une attention active à faifir tous les moyens d'utilité publi-

que, que la Société remplira sa devise
AMORE ET LABORE.

En se chargeant de distribuer dans
les principales parties de l'Europe les lumieres des Sociétés Savantes, les obser-
vations & les découvertes particulieres
de leurs Membres, les ouvrages des Savants & des Artistes, & les actions
louables des bons Citoyens, *la Socié-*
té - Patriotique servira également & le
public, & la gloire des Sociétés, &
celle des particuliers, & les progrès des
mœurs : les Membres qui la composent
trouveront le prix de leurs travaux, dans
la gloire de se rendre utiles.

C'est pour remplir ces différents objets, que nous avons rédigé sous l'appro-
bation & la protection de MONSEI-

GNEUR LE LANDGRAVE les *ſta-tuts* de la Société tels qu'ils ont été confirmés par SON ALTESSE SÉRÉNISSIME. Nous avons cru devoir y joindre quelques détails ſur *l'objet & les progrès* de cet Inſtitut, & ſur les *Mémoires* que nous nous propoſons de publier.

STATUTS DE LA SOCIÉTÉ.

Art. I.

La Société Patriotique compofée de Savants, de Littérateurs, d'Artiftes & de bons Citoyens de toutes les contrées de l'Europe, pour travailler de concert à l'encouragement des Sciences, des Arts & des Mœurs, fera divifée en autant de *Comités* ou Départements, que les circonftances & le local l'éxigeront. Chaque Capitale de Province, où la Société aura plufieurs membres, formera un grand Comité qui correfpondra directement pour lui & pour les autres Comités de la Province avec celui de Heffe-Hombourg.

Art. II.

Les Comités tiendront leurs affemblées particulieres auffi fouvent qu'ils le jugeront néceffaire: chacun des Affociés y dépofera entre les mains du Secrétaire le réfultat de fes obfervations & de ſes recherches ſur tous les objets ſpécifiés au § 3 , & qui pourront entrer dans le plan des Mémoires que la Société ſe propoſe de publier. Le Secrétaire du Comité fera lecture des différents Mémoires qui lui auront été remis , pour les faire paſſer enſuite au grand Comité de la Province, où ils ſeront lus & examinés de nouveau ; après quoi le Secrétaire du Grand-Comité les fera paſſer au Chef-Comité ſéant à Hombourg-ez-monts. Dans le cas où le Chef-Comité croiroit découvrir quelque erreur dans les productions qui lui auront été adreſſées , il ne manquera pas de faire parvenir ſes doutes au Comité dont il aura reçu ces Mémoires.

Art. III.

Pour parvenir à une communication publique des productions de la Société , il ſera établi un ouvrage ſous le titre de *Mémoires de la Société-Patriotique de Heſſe-Hombourg, pour l'encouragement des connoiſſances & des mœurs.* Les différentes parties de cet ouvrage, dont on verra le plan au § 3 de ce Programme, réunies par la suite en un certain nombre de volumes, formeront un livre de Bibliothèque, sous le titre d'*Actes de la Société-Patriotique*, &c. dont un exemplaire sera déposé dans la Bibliothèque de la Société pour former avec le temps, collection avec les ouvrages de tous les Membres de l'Institut.

Art. IV.

L'union & l'égalité devant être la base de toute Société Littéraire comme le moyen le plus favorable à son agrandissement & à son utilité, les noms de tous les Associés seront inscrits dans les Archives du Chef-Comité selon l'ordre alphabétique des villes, & suivant la datte de la réception des Membres, sans égard aux rangs, aux qualités, ni aux emplois.

Art. V.

Lorsqu'à l'exemple de la *Société Royale-Patriotique de Suede*, quelques autres Sociétés jugeront à propos de s'affilier à celle de Hesse-Hombourg, elles chargeront d'abord l'un d'entre-eux, des fonctions de Directeur, & un autre de celles de Secrétaire auquel elles confieront la correspondance avec le Chef-Comité : & les Membres dispersés de ces Instituts établiront des Comités particuliers dans les différentes Provinces, où ils se trouveront.

Art. VI.

Rien n'étant plus propre à faire éclore les talents & à rectifier les mœurs de la jeunesse, que l'émulation & le commerce des personnes instruites par l'âge & éclairées par l'expérience : la Société - Patriotique, qui ambitionne la gloire d'être utile même à la postérité, a résolu de recevoir à titre *d'Eléves-Associés*, dans les Comités différents qui la composent, les jeunes gens qui se feront rendu recommandables par leurs progrès dans la carriére des connoissances & des mœurs, pendant leurs études dans les Académies & les Colléges. Les *Eléves-As-*

fociés auront droit de féance dans les affemblées publiques & particulieres, mais fans
y avoir voix. Les Membres de leurs Comités refpectifs font invités à les aider de leurs
confeils & à leur rendre tous les fervices
qu'on peut attendre de l'amitié ; & quand
l'âge & le travail auront mûri leurs talents,
la Société s'empreffera de mettre le Sceau
à leur admiffion.

Art. VII.

Un des devoirs les plus effentiels des Directeurs & des Secrétaires, eft d'entretenir
une correfpondance fuivie avec les Secrétaires des Académies & Sociétés foit littéraires, foit économiques de leurs Provinces,
& des Inftituts étrangers auxquels ils pour-
roient déja appartenir, afin qu'ils puiffent en
fournir exactement les Mémoires, les déli-
bérations, les découvertes, les travaux &
les opérations, au Chef-Comité de la Société. Ils doivent encore, auffi bien que
tous les Membres de l'Inftitut, correfpondre
avec les Savants & les Artiftes de leurs con-

trées, pour être à portée de donner toute la publicité possible à leurs utiles productions. Pour remplir plus surement & plus promptement ce but essentiel, les Comités des extrémités de chaque Etat, établiront dans les villes limitrophes les plus passageres, des commissionnaires intelligents, actifs & gens de probité, auxquels la Société assurera un honnête bénéfice selon l'importance des services qu'ils pourront lui rendre.

Art. VIII.

Les deux assemblées publiques annuelles du Chef-Comité se tiendront dans le temps des foires de Pâque & d'Automne, aux jours qui seront fixés, dans les appartements que S. A. S. Monseigneur le Landgrave, Protecteur de cet Institut, a bien voulu accorder pour cet usage. Les autres Comités choisiront les temps qu'ils croiront les plus propres à contribuer à la propagation de l'Institut.

ART. IX.

Les Mémoires qu'on enverra pourront être écrits en latin, en Anglois, en Allemand, en François, en Espagnol ou en Italien, mais d'un caractére *latin* très lisible.

ART. X.

Tout Savant, tout Artiste, tout bon Citoyen de quelque religion, ou de quelque Nation qu'il puisse être, qui croira notre Société en état de lui rendre quelques bons offices, ne doit point balancer de s'adresser à nous avec confiance, ni craindre que nous lui refusions nos services, dès qu'il s'agira de choses qui seront en notre pouvoir : notre Institut étant absolument consacré au bien public, nos vœux seront remplis, si nous avons le bonheur d'atteindre à ce but.

PARAGRAPHE II.

OBJET ET PROGRÈS

DE LA

SOCIÉTÉ, &c.

Depuis long-temps d'illuftres Sociétés littéraires & économiques, défiroient l'établif-
fement d'un centre commun de correfpondance en faveur des Compagnies qui culti-
vent les Sciences & les Arts : cet utile
projet qui tendoit à rapprocher les lumieres des différentes Nations, n'a pu s'exécu-
ter que très lentement ; il exigeoit la réunion d'un grand nombre d'individus choifis
parmi les Savants de tous les pays : dix ans
fe font écoulés avant qu'on ait pu fe flat-
ter d'y parvenir. Mais dès l'année 1773 on
vit enfin un fimple Bureau de correfpondance devenir une Société affez nombreu-
fe.

La Société-Electorale économique & des
mœurs de Baviere, fut la premiere qui s'in-

téreffa à l'exécution de ce plan, & fon exemple fut fuivi par la Société-Phifico-économique de Saxe établie dans la Haute Luface, & par la Société-Royale Britannique & Electorale de Brunfwig-Lunèbourg. Ce fut le fuffrage de ces Compagnies qui affura dès lors une confiftance réelle à la Société-Patriotique.

Jufques-là elle ne pouvoit encore être utile qu'aux autres Sociétés; on conçut le projet de la faire fervir en même temps au public d'une maniere plus directe, au moyen des *Mémoires* dont nous allons parler. C'eft fous ce double point de vue que la Société-Patriotique fe préfenta à S. A. S. Monfeigneur le Landgrave de Heffe-Hombourg, qui par un décret en date du 18 Novembre 1775 adopta cet Inftitut naiffant, & l'affura de toute fa protection. Depuis cette époque la Société a pris de tels accroiffements, qu'elle fe voit à portée de remplir utilement l'objet de fon inftitution. Elle s'annonça au public, il y a quelques mois;

tous les bons Citoyens y applaudirent , & nombre de Savants désirèrent de concourir à ses succès.

Mais ce qui a le plus contribué à son agrandissement, c'est la réunion de la SO-CIÉTÉ - ROYALE - PATRIOTIQUE DE SUEDE qui a bien voulu s'y incorporer en vertu d'un acte du 20 Juillet 1776, par lequel cette Compagnie respectable aggrége au nombre de ses Membres, tous ceux de la Société de Hesse-Hombourg , & souhaite que les siens soient réciproquement admis dans cette Société.

Tels sont les secours que nous sommes parvenus à nous procurer : ils se multipliront encore ; la Société ne mettra des bornes au nombre de ses Membres que lorsque les Savants & les bons Citoyens de tous les pays cesseront d'y desirer leur admission.

Le siége de la Société devoit naturellement être à Hombourg-ez-monts sous les yeux du Prince fon Protecteur : la fituation de cette Réfidence, à peu de diftance de Francfort, & à la proximité de plufieurs autres villes de paffage, la rend auffi propre à devenir le fiége d'une vafte correfpondance, qu'à fervir d'un afyle agréable aux gens de lettres qui cherchent la folitude fans fuir les hommes, & qui aiment les hommes fans craindre la folitude.

C'eft ici qu'à l'aide de la liberté toujours néceffaire aux Lettres, un petit nombre d'hommes laborieux, réunis par l'amour des fciences & de l'humanité, fecondés par les lumieres & les fecours de leurs nombreux confreres, s'appliqueront conftamment à propager toutes les connoiffances utiles dont on leur fera part des divers pays de l'Europe. Nous allons détailler le plan de l'ouvrage qui fera le dépôt de ces connoiffances.

PARAGRAPHE

PARAGRAPHE III.

MÉMOIRES

DE LA

SOCIÉTÉ-PATRIOTIQUE,

CONTENANT:

1. Les Mémoires de la Société proprement dits, fur toutes fortes de fujets d'utilité publique.

2. Des Mémoires fur l'Adminiſtration, la Statique, la Géographie, l'Hiſtoire contemporaine.

3. Le réfultat des féances, des travaux, des découvertes des principales Sociétés Economiques & Littéraires de l'Europe; l'Hiſtoire de leur fondation & de leurs progrès; avec l'annonce des prix qu'elles propoferont.

4. Une Biographie impartiale des Savants actuellement vivants de tout pays & une Bibliographie raifonnée de leurs meilleurs ouvrages, publiés dans le courant de l'année.

B

5. Une indication détaillée du genre dans lequel excellent les artistes dont le nom & les occupations pourront parvenir à notre connoissance.

6. Un compte exact des méthodes & des établissements en faveur de la réforme de l'éducation, de même que des institutions pour le bien des pauvres.

7. Une note des encouragements, des récompenses & des marques de distinction, accordés au mérite & aux talents.

8. Les traits de bienfaisance & d'humanité propres à encourager les hommes à la pratique du bien, avec des piéces fugitives, tant en vers qu'en prose.

Nous avons déja reçu différents Mémoires conformément à notre plan & nous invitons tous nos Associés à nous en envoyer de nouveaux. Le premier volume des Mémoires de la Société paroîtra incessamment, & on l'annoncera par un *Prospectus* particulier.

LISTE

DES

MEMBRES ACTUELS

DE LA

SOCIÉTÉ.

COMITÉS.

ABO, en Finlande.

M. PIERRE - ADRIEN GADD, Docteur en Médecine, Professeur de l'Université d'Abo, Directeur de la Botanique de Finlande, Chevalier de l'Ordre de Wasa, Membre de l'Académie des Sciences de Stockholm.

M. PIERRE KALM, Docteur en Théologie, Professeur d'Economie en l'Université d'Abo, Chevalier de l'Ordre de Wasa, Membre de la Société-Royale des Sciences de Stockholm; &

COMITÉS.

de la Société Royale des Sciences d'Upsal.

M. JEAN HAARTMAN, Docteur & Professeur en Médecine en l'Université d'Abo, Membre de l'Académie Royale de Suede.

AGEN, en Guyenne.

M. DE LA VILLE DE LA-CEPEDE, fils, Chevalier, &c. Membre Aggrégé.

AMSTERDAM.

M. ER. FRIEDERICH AL-BERTI, Pasteur de l'Eglise Luthérienne.

ANHALT.

S. A. S. MONSEIGNEUR LE PRINCE D'ANHALT-SCHAUMBOURG, Général au Service de S. M. I. de toutes les Russies.

M. LE BARON DE HEI-NESCH, Conseiller Privé de S. M. Prussienne.

COMITÉS.	
AUGSBOURG.	**M. GEORGE GUILLAUME ZAPF**, Conseiller Aulique des Sérénissimes maisons de Hohenlohe & Wallenbourg-Schillings-Fürst, Membre ordinaire de l'Académie-Electorale de Munich.
BAADE.	**M. DE DYHLIN**, Conseiller de la Cour & de la Régence de Baade.
BERNE.	**M. DURAND**, Ministre du St. Evangile, Professeur en Théologie au Seminaire de Berne, Membre de la Société-Electorale de Baviere.
BEXHEDA.	**M. BARK**; Ministre du St. Evangile, Pasteur de l'Eglise Luthérienne.
BOURGHAUSEN, en Baviere.	**M. LE BARON LEOPOLD DE HARTMAN**, Chevalier de l'Ordre de Wasa, Conseiller Intime Noble de S. A. E. P., Con-

COMITÉS.

seiller de la Régence de S. A. S. E. Monseigneur l'Electeur Duc de Baviere, Président Perpetuel de la Société Electorale de l'Economie Rurale & des Mœurs de Baviere, Membre de plusieurs Académies & Sociétés.

M. JOSEPH DE HOPPEN-BUHL, Chevalier de l'Ordre Portugais du Christ, Conseiller Noble Intime de S. A. E. P., Conseiller Ecclésiastique de S. A. S. E. Monseigneur l'Electeur Duc de Baviere, Directeur Perpétuel de la Société Electorale de l'Economie Rurale & des Mœurs de Baviere, Membre de plusieurs Académies & Sociétés.

BREST.

M. BLONDEAU, de l'Académie-Royale de Marine, Professeur en Mathématiques *Secrétaire-Perpétuel* de la Société pour le Comité de Brest.

Comités. Clermont, en Argogne.	M. PARADIS, Curé de la Paroiſſe de Paroy.
Dietz.	M. KÆMPE, Docteur en Médecine, Conſeiller de la Cour & Médecin de LL. AA. Séréniſſimes Monſeigneur le Prince Stadhouder; & Monſeigneur le Landgrave de Heſſe-Hombourg.
Dieuse, en Lorraine.	M. NICOLAS COLLIGNON, fils, Avocat en Parlement, Aſſocié Correſpondant de la Société-Patriotique.
Deux-Ponts. *Ce Comité eſt reuni au Comité de Hombourg-et-Monts.*	M. JEAN - FRANÇOIS LE TELLIER, Entrepreneur des Bâtiments de S. M. T. C., Chef & Directeur de le Société Typographique des Deux-Ponts; Conſeiller de S. A. S. Monſeigneur le Landgrave de Heſſe-Hombourg; *Directeur-Perpétuel* du Grand-Comité de la Société-Patriotique de Heſſe-Hombourg pour le Duché des Deux-Ponts.
	M. JOSEPH-JAQUES-MARTIN de VISMES, ci-devant Ca-

pitaine au Régiment Royal Artillerie, & de préfent Capitaine des Gardes de S. A. S. Monfeigneur le Duc Regnant des Deux-Ponts.

M. JEAN-PIERRE SOLOMÉ, Confeiller de S. A. S. Monfeigneur le Landgrave de Heffe - Hombourg, *Secrétaire-Perpétuel* de la Société-Patriotique au Grand-Comité des Deux-Ponts.

M. NICOLAS SANSON, Directeur de l'Imprimerie Ducale, Confeiller de Commerce de S. A. S. Monfeigneur le Landgrave de Heffe - Hombourg.

M. PACHE, Pafteur de l'Eglife Wallonne des Deux-Ponts.

M. CHARLES - JOSEPH, BARON D'AMEOTTEN, Seigneur d'Eichholtz, Schwartzen-Acker, & Bonne-Fontaine.

M. BEAUDIN, fils, Maître-ez-Arts, Docteur en Philofophie.

M. LOUIS KARR, Muficien

COMITÉS.

de S. A. S. Monseigneur le Duc Regnant des Deux-Ponts.

M. JAQUES RIVET, Secrétaire Intime de S. A. S. Monseigneur le Prince Maximilien des Deux-Ponts.

FEKA, en Suede.

M. le BARON F. G. OXEN-STIERNA.

FRIBOURG, en Brisgaw.

M. le BARON THADE de BRANDSTEIN, d'ORSCH-WEYER, Conseiller Aulique de S. M. I. & R. A. & de la Régence, de la Chambre des pays Antérieurs d'Autriche, *Directeur* du Comité de la Société-Patriotique de Hesse-Hombourg, pour la contrée de Brisgaw.

M. JEAN EBERENZ, Professeur en Mathématiques de l'Université de Fribourg en Brisgaw, *Secrétaire* du Comité de la même Ville.

M. le BARON d'AXTER,

COMITÉS.

Baron du St. Emp, Romain, Conseiller de la Régence Imp. & R. Ap., Drossard de la contrée d'Ortenau.

GOTHENBOURG.

M. CHRISTIAN ARFWIDS-SON, Chevalier de l'Ordre de Wafa, Négociant.

GUNTZBOURG.

M. LE BARON ANTOINE D'ULM, Seigneur d'Erbach, Werenhag, Kallenberg, Poltringen, & autres lieux: Chambellan actuel de LL. MM. II. &. R. Ap., Conseiller de la Chambre de l'Autriche antérieure, & Landvogt du Margraviat de Bourgau, *Directeur* du Comité de la Société-Patriotique de Hesse-Hombourg au Marggraviat de Bourgau.

KEHL.

M. KOBOTT, Maire commun de la Seigneurie de ce nom, *Commissionnaire* de la Société-Patriotique de Hesse-Hombourg, pour le Grand-Comité de Suabe,

COMITÉS.

fous l'Infpection de M. le Baron de Bœckling, Co-Seigneur de Kehl. *Voyez le grand Comité de Ruft.*

GEMUNDE.
(Schwæbifch.)

M. JAGEISEN, Licentié en Droit, Bourguemaître de Schwæbifch-Gemünde.

LANDSHUTH,
en Bavierc.

S. Ex. M. MAXIMILIEN, Comte de Lamberg, Chambellan-Actuel de LL. MM. II. & R. Ap., Confeiller Intime de S. A. S. le Duc Regnant de Wurtemberg, grand Maréchal de S. A. S. le Prince Evêque d'Augsbourg Landgrave de Heffe, Membre de l'Académie Electorale de Munich, de la Société des Mœurs de Bourghaufen, & de la Société-Littéraire de Helmftædt, *Directeur* du Comité de la Société, pour la ville & la contrée de Landshuth.

COMITÉS.	
LAHOLM, en Hollande.	M. PIERRE OSBECK, Prevôt de la Province de Laholm, Pasteur des Eglises de Hafslœf & Woxtorp, Membre de l'Académie-Royale de Suede, de la Société des Sciences & des Arts de Gothenbourg, & de l'Académie Impériale des Curieux de la nature.
LEIPZIG.	M. GOTTFRIED NATHAN LESKE, Docteur en Philosophie, Professeur en Histoire-Naturelle, à l'Université de Leipzig, Membre de la Société des Scrutateurs de la nature établie à Berlin, & de la Société-Physico-Economique de la Haute-Lusáce.
LA ROCHELLE.	M. ACHILLE WEIS, Négociant.
LYON.	M. IMBERT COLOMÉS, Négociant.

COMITÉS.	
LUND, en Scanie.	M. SVEN LAGERBRING, Conseiller de la Chancellerie, Professeur d'Histoire en l'Université de Lund, Membre de l'Académie Royale des Sciences de Suede & de la Société des Sciences & des Arts de Gothenbourg.
	M. ERIC-GUSTAVE LIDECK, Professeur d'Histoire-Naturelle en l'Université de Lund, Chevalier de l'Ordre de Wasa, Membre de l'Académie Royale de Suede & de la Société des Sciences des Arts de Gothenbourg.
MEISSENHEIM, en Souabe.	M. LENZ, Ministre du St. Evangile.
MOSCOW.	M. PAUL DE POTEMKIN, Général-Major des Armées de S. M. I. de toutes les Russies, Gentilhomme de la Chambre de l'Impératrice, Chevalier de l'Or-

COMITÉS.

dre-Militaire de St. George, *Directeur-Perpétuel* du grand Comité de la Société-Patriotique au Gouvernement de Moscow.

NŒRKŒPING.

M. PIERRE SCHWARTZ, Négociant.

NŒRR-MŒCKLEBY, en Oelande.

M. JONAS LINDSTROEM, Miniftre du St. Evangile, Pafteur de l'Eglife de Mœckleby.

NANCY.

M. WILLEMET, Doyen des Apothicaires, Démonftateur de Chymie & de Botanique, au Collége-Royal de Médecine de Nancy, Membre de la Société-Economique de Berne, & de la Société-Royale de Médecine de Paris; *Directeur.*

M. L'ABBÉ FEBVÉ, Chanoine de Vaudemont & Licentié en Philofophie.

M. AUBERT, premier Juge-Conful & l'un des Directeurs-

Elus de l'Hôpital des Enfants trouvés.

M. L'ALLEMAND, Docteur en Médecine, Aggrégé & Conseiller du Collége-Royal des Médécins à Nancy.

M. JADELOT, Professeur-Royal d'Anatomie & de Phylologie, de la faculté de Médecine en l'Université de Nancy, Membre de l'Académie-Royale des Sciences, Arts & Belles-Lettres, Médecin de l'hôpital de St. Charles de la même ville.

M. PETIT, ancien Ingénieur de S. M. l'Impératrice-Reine, Membre de l'Académie-Royale des Sciences, Arts & Belles-Lettres de Nancy. *Vice-Directeur.*

M. LAFLIZE, Lieutenant de M. le premier Chirurgien du Roi, Prévôt Perpétuel & Honoraire du Collége-Royal de Chirurgie de

Nancy, Docteur en Médecine, Correspondant de l'Académie Royale de Chirurgie de Paris, Chirurgien en Chef des Hôpitaux bourgeois; Professeur-Royal des maladies & des opérations Chirurgicales: *Secrétaire*.

M. LAMOUREUX, Chirurgien-Major des Enfants trouvés; Professeur-Royal de l'Art des Accouchements, Démonstrateur & Professeur d'Anatomie de la Faculté de Médecine, Aggrégé au Collége-Royal de Chirurgie de Nancy, Stipendié en survivance.

M. MAILLETTE, Docteur en Philosophie, Professeur-Royal Emérite d'Histoire & de Géographie en l'Université de Nancy.

M. SAUCEROTTE, Maître en Chirurgie, gradué de l'Académie-Royale de Chirurgie de Paris,

COMITES.

Paris, Honoraire du Collége-Royal de Chirurgie de Nancy, Chirurgien ordinaire du feu Roi de Pologne, Staniflas I., Profeffeur, Démonftrateur-Royal en l'Art des Accouchements, à Lunéville.

PARIS.

M. L'ABBÉ DE BASSINET, grand Archidiacre de l'Eglife de Nantes & Lecteur de fon Alteffe Royale Monfeigneur le Comte d'Artois; *Directeur-Perpétuel* de la Société-Patriotique de Heffe-Hombourg, au grand Comité de Paris.

M. GOULIN, Médecin, Aggrégé au Collége-Royal de Médecine de Nancy, Membre des Académies-Royales de la Rochelle, d'Angers, de Nifmes, de Villefranche en Beaujeolois, de Lyon, & de la Société-Littéraire de Châlons-fur-Marne, *Secrétaire-Perpét.* du grand Comité de Paris.

C

COMITÉS. | M. BERNIERES, Ecuyer, l'un des quatre Entrepreneurs-Généraux des Ponts & Chauffées de France, Membre des Académies-Royales de Metz, Caën, Angers, Rouen ; Membre & Secrétaire de la Société-Libre d'Emulation de France.

PÉTERSBOURG. | M. DE POTEMKIN, Prince du St. Empire, Comte de l'Empire de toutes les Ruffies, Général en Chef des Armées de S. M. I., son Aide-de-Camp Général, Vice-Préfident du Collége de guerre, Sénateur, Vice-Roi de la Nouvelle-Ruffie & du Royaume d'Aftracan, Chambellan Actuel, Lieutenant-Colonel du Régiment des Gardes de Preobragensky, Lieutenant des Chevaliers de la Garde, Chevalier de tous les Ordres de l'Empire, & de tous ceux des Royaumes

COMITÉS.

du Nord, *Directeur-Perpétuel* du grand Comité de la Société-Patriotique de Hesse-Hombourg, aux Gouvernements de l'Ingrie, de la Nouvelle-Russie & du Royaume d'Astracan.

RATISBONNE.

M. CHRISTIAN SCHEF-FER, Docteur en Théologie, Pasteur & Membre du Consistoire-Evangelique de cette ville, Conseiller de S. M. D., Professeur extraordinaire; Membre des Académies & Sociétés d'Upsal, de Petersbourg, de Londres, de Berlin, de Roveredo, de Munich, de Manheim, de Duisbourg, de Gœttingue, de Leipzig, de Florence, de Zell, de Berne, de la Haute-Lusace, de Styrie, &c. Correspondant de l'Académie-Royale des Sciences de Paris.

COMITÉS.	
REMIREMONT.	**M. DIDELOT**, Docteur en Médecine, Maître en Chirurgie, Correspondant de l'Académie-Royale de Chirurgie de Paris, & Professeur Royal en l'Art des Accouchements, à Remiremont.
REUTLINGEN.	**M. OTTON-CHRISTOPHE-FRÉDÉRIC WUCHRER**, Licentié en Droit, premier Syndic de la République de Reutlingen, *Directeur* du Comité de la Société-Patriotique de Hesse-Hombourg, pour la ville & contrée de Reutlingen.
ROTTWEIL.	**M. FRANÇOIS - JOSEPH HŒFER**, Docteur en Philosophie, en Médecine & dans l'Art des Accouchements, *Directeur* du Comité de la Société-Patriotique de Hesse-Hombourg, pour la ville & contrée de Rottweil.

COMITÉS.	**M. FRANÇOIS-SIGISMOND BARON** DE **BŒCKLING** DE **BŒCKLINGS-AU**, Seigneur de
RUST, en Ortenau.	Ruft, Bifchenheim & Koroblochsbourg, Co-Seigneur du Bailliage de Kehl, de la Baronie de Fleckenftein, & autres lieux, Chambellan de S. A. Séréniffime Monfeigneur le Duc Regnant de Wurtemberg, & Confeiller Intime de S. A. Séréniffime Monfeigneur le Margrave Regnant de Brandebourg-Anfpach-Bareuth, Membre de l'Académie Impériale des Curieux de la nature, de celle des Arcades de Rome, de la Société-Electorale de Bavi?re, de la Société-Royale-Patriotique de Stockholm, &c. *Directeur-Perpétuel* du grand Comité de Souabe.
STOCKHOLM.	**M. LE BARON ALEXIS-GABRIEL LEJONHUFWUD,**

COMITÉS.

Commandeur de l'Ordre de l'Etoile-Polaire, Chevalier de l'Ordre de l'Epée, Membre de l'Académie-Royale des Arts de Suede, de celle de Mufique, & de la Société de Gothenbourg.

M. LARS SILVERSSTOLPE, Confeiller de la Chambre, Chevalier de l'Ordre de l'Etoile-Polaire.

M. FRÉDÉRIC SILVERS-STOLPE, Commiffaire de la Banque des Etats du Royaume.

M. ERIC SEFSSTRŒM, Notaire au Collége-Royal de Commerce.

M. OLOF CELSIUS, Docteur en Théologie & Profeffeur, Curé de la Paroiffe St. Nicolas à Stockholm, Préfident du Confiftoire, Membre de l'Académie-Royale des Sciences & de la Société de Drontheim.

Chambellan - Chevalier de l'Ordre de l'Epée.

M. PIERRE STENBECK, Maître-ez-Arts, Pasteur des Eglises de Bœrstil, Oesthammer, Stad, & Græfœn.

M. BENGT FERNER, Conseiller de la Chancellerie, Membre des Académies-Royales des Sciences de Stockholm, de Londres & de Montpellier, Correspondant de celle de Paris.

M. JEAN DE BIERKEN, Conseiller de la Chancellerie, Chevalier de l'Ordre de l'Etoile-Polaire.

M. JEAN STEINBECK, Maître-ez-Arts, Pasteur de l'Eglise Ste. Eléonore à Stockholm, Trésorier de la Société-Royale-Patriotique.

M. JEAN-JAQUES WESTBERG, Conseiller de Commerce.

M. LE BARON KNUT-HENRI LEJONHUFWUD,

COMITÉS.

M. LE COMTE CHARLE GYLLENBORG, Chambellan, Sous-Maître des Cérémonies des Ordres de S. M., Membre de la Société-Royale de Musique de Suede, & de celle des Arts de Gothenbourg.

M. ALEXIS MAGNUS D'ARBIN, Général-Major, Directeur-Royal des Fortifications, Chevalier de l'Ordre de l'Epée, Membre de l'Académie-Royale des Sciences de Stockholm.

M. ADOLPHE MODEER, Géometre ordinaire au Département de Gefflebourg, premier Secrétaire de la Société-Royale-Patriotique, Membre des Sociétés des Sciences & des Arts de Gothenbourg.

M. LE BARON FRÉDÉRIC SPARRE, Chevalier de l'Ordre de l'Etoile-Polaire.

M. JEAN LILJENKRANZ,

COMITÉS.

Secrétaire d'Etat, Chevalier de l'Ordre de l'Etoile-Polaire, Membre de l'Académie-Royale des Sciences de Suede.

M. NILS-JAQUES NYMAN-SON, Maître-ez-Arts, Pasteur de l'Eglise Ulrique-Eléonore à Stockholm.

M. PATRICH ALSTRŒMER, Conseiller de Commerce, Chevalier de l'Ordre de Wasa, Membre des Académies des Sciences & de Musique de Stockholm & de celle des Sciences & des Arts de Gothenbourg.

M. JEAN DE HELAND, Secrétaire d'Etat, Chevalier de l'Ordre de l'Etoile-Polaire.

M. CHRISTOPHE FAXEL, grand Direct. du Corps de Génie, pour l'Arpentage des Provinces.

M. ERIC SCHRŒDER, Secrétaire de la Banque des Etats du Royaume.

COMITÉS.

M. LE COMTE ERIC DE STŒCKENSTRŒM, Sénateur du Roi & du Royaume, Commandeur des Ordres de S. M., Président du Collége des Commiſſions, Chancelier de l'Univerſité d'Abo, Membre de l'Académie-Royale des Sciences de Suede.

M. LE COMTE CHARLE RUDENSCHŒLD, Sénateur du Roi & du Royaume, Chevalier & Commandeur des Ordres de S. M., Chancelier de l'Univerſité d'Upſal, Membre des Académies-Royales des Sciences & de Muſique de Stockholm.

M. LE BARON PIERRE-ABRAHAM ŒRNCHŒLD, Commandeur de l'Ordre de l'Etoile-Polaire.

M. JEAN NORDENANKAR, Contre-Admiral, Chevalier de l'Ordre de l'Epée.

COMITÉS.

M. JEAN DREIJER, Négociant, à Stockholm.

M. LE COMTE NILS BIELKE, Sénateur du Roi & du Royaume, Commandeur des Ordres de S. M., Membre des Académies des Sciences & de Mufique de Stockholm.

M. SVEN-GUSTAVE JERLIN, Tréforier de la Caiffe de l'Ordre du Clergé.

M. CHARLE-FRÉDÉRIC SCHEFFER, Sénateur du Roi & du Royaume, Commandeur & Chevalier des Ordres de S. M., ci-devant Gouverneur de S. A. R. Monfeigneur le Prince Héréditaire, Membre de l'Académie-Royale des Sciences de Stockholm, Protecteur de la Société des Sciences & des Arts de Gothenbourg.

M. GUSTAVE-ADOLPHE LEJONMARK, Affeffeur au Col-

COMITÉS.

lége-Royal des Mines, Membre de l'Académie-Royale des Sciences de Suede.

M. SAMUEL SCHRŒDERS-STIERNA, Conseiller du Collége des Mines, Chevalier de l'Ordre de l'Etoile-Polaire.

M. LE BARON MELCHIOR DE FALKENBERG, Sénateur du Roi & du Royaume, Commandeur de l'Ordre de l'Etoile-Polaire, Président du Collége des Commissions, Chancelier de l'Université de Lund, Membre de l'Académie-Royale des Sciences de Suede.

M. JAQUES NORIN, Négociant, à Stockholm.

M. JEAN WALLENCREUTZ, Secrétaire d'Etat, Chevalier de l'Ordre de l'Etoile-Polaire.

M. CLAS ALSTRŒMER, Conseiller de la Chancellerie, Membre de la Société-Royale des Sciences de Suede, de celles des Sciences & des Arts de Gothenbourg & de Florence, Correspondant de celle de Londres pour l'encouragement des Arts & des Métiers.

M. le BARON JEAN-HENRI BOIJE, Préfident du Bureau-Royal d'Etat, Commandeur de la premiere Claffe, de l'Ordre de l'Epée.

M. JOACHIM LILJESTRÆLE, Chancelier de Juftice, Chevalier de l'Ordre de l'Etoile-Polaire, Membre de l'Académie-Royale des Sciences de Suede & de la Société des Sciences & des Arts de Gothenbourg.

M. le BARON CHARLE SPARRE, Sénateur du Roi & du Royaume, grand Ecuyer, Commandeur de l'Ordre de l'Epée, de la premiere Claffe, Mem-

COMITÉS.

bre de l'Académie - Royale de Stockholm.

M. LE BARON PIERRE SCHEFFER, Lieutenant Général, Commandeur de l'Ordre de l'Epée, de la premiere Claffe, Chevalier de l'Ordre du Mérite-Militaire de France.

M. LE BARON ADAM-JEAN RAAB..... Chevalier de l'Ordre de l'Etoile-Polaire.

M. JAQUES D'UTALL, Directeur de la Compagnie Suédoife des Indes Orientales, Commandeur de l'Ordre de Wafa.

M. JEAN HISINGER, Affeffeur, &c.

M. LE BARON JEAN RAMEL, Grand-Commandeur de l'Ordre de Wafa, de la premiere Claffe, Chevalier de l'Ordre de l'Epée.

M. ZACHARIE STRANDBERG, Docteur en Médecine,

COMITÉS.

Affeſſeur au Collége de la Faculté, Membre de l'Académie-Royale de Stockholm.

M. LE BARON SAMUEL-GUSTAVE HERMELIN, Aſſeſſeur au Collége-Royal des Mines, Membre de l'Académie-Royale des Sciences.

M. CHARLES HALLEN-BORG, &c.

M. ABRAHAM - ABRAM-SON HUELPERS, Directeur &c.

M. CHARLES - LOUIS DE STORCH, Droſſard, Membre de la Société-Royale-Britannique & Electorale de Brunſwig-Lunebourg.

M. ADOLPHE-FRÉDÉRIC RISTELL, Lecteur de S. M. la Reine Douairiere, ſecond Secrétaire de la Société-Royale-Patriotique.

M. PIERRE WESTER, Inſpecteur des Ponts & Chauſſées.

COMITÉS.

M. ANDRÉ ZETTREN, Maître-ez-Arts en Philosophie.

M. LE BARON JEAN CAHMON, Inspecteur des Ponts & Chaussées.

M. LE BARON GEORGE-GUSTAVE WRANGEL, Lieutenant-Général , ... Commandeur de l'Ordre de l'Epée , de la premiere Classe.

M. CHARLES ARVEDSSON , Négociant à Stockholm.

M. LE COMTE CHARLES-JEAN CRONSTEDT , Préfidant du Collége-Royal des Finances , Commandeur de l'Ordre de l'Etoile-Polaire , Tréforier des Ordres de S. M. , Membre de l'Académie - Royale des Sciences de Suede.

M. LE BARON FAB. CASIMIR WREDE, Lieutenant-Général ,

COMITES.

néral, Commandeur de l'Ordre de l'Epée, de la premiere Claſſe.

M. LE BARON CHARLES OXENSTIERNA , Chambellan, Commandeur de l'Ordre de Waſa.

M. OLOF DE NACKREIJ, Chevalier de l'Ordre de l'Etoile-Polaire, Membre de la Société des Sciences & des Arts de Gothenbourg.

M. ALBRECHT-ADOLPHE DE ZIEGLER, Major, Chevalier de l'Ordre de l'Epée.

M. G. W. SILLÉN, Conseiller de la Chancellerie.

M. JEAN ULSSTRŒM, Directeur, &c.

M. FRÉDÉRIC MOZELIUS, Aſſeſſeur au Département des Anciennes Archives.

D

COMITÉS.

M. LE COMTE FRÉDÉRIC HORN, Lieutenant - Général, Chevalier des Ordres de l'Epée & de Wasa.

M. JEAN DE DURELLI, Docteur en Médecine, Assesseur au Collége-Royal de la Faculté.

M. SAMUEL UGLA, Secrétaire du Roi, & au Département-Royal des Commissions.

M. HERM. JUL. ROOS, Lieutenant - Colonel, Chevalier de l'Ordre de l'Epée.

M. LE BARON CHRISTOPHE FALKENGEN, Sénateur du Roi & du Royaume, Commandeur de la premiere Classe, de l'Ordre de l'Epée.

M. LE BARON SVEN BUNGE, Sénateur du Roi & du Royaume, Commandeur des Or-

COMITÉS. dres de l'Etoile - Polaire & de Wafa, Membre de l'Académie-Royale des Sciences de Suede.

M. SVEN HOF, Profeffeur, &c.

SIENNE. M. L'ABBÉ FRANÇOIS-ZACCHIROLI, Ancien Profeffeur d'Eloquence à Bologne, de l'Académie des Arcades de Rome, &c.

STRALSUND. M. LE COMTE FRÉDÉRIC-GUILLAUME DE HESSEN-STEIN, Feld-Maréchal, Chevalier & Commandeur des Ordres du Roi, Prince du St. Empire-Romain, Gouverneur - Général de la Poméranie-Suédoife.

TOULOUSE. M. DU MAZ, Docteur-Aggrégé en la Faculté des Arts de Paris, Ancien-Directeur de l'A-

COMITÉS.

cadémie-Royale des Sciences, Inscriptions & Belles-Lettres de Toulouse, Associé de l'Académie-Royale de Nismes, & Professeur d'Eloquence au Collége-Royal de Toulouse, Membre & *Secrétaire* de la Société-Patriotique au grand Comité de la ville & contrée de Toulouse.

VIENNE.

M. LE BARON DE STŒRCK, premier Médecin de LL. MM. II. & R. Ap., Président du Collége de Médecine.

UDDEVALLA.

M. A. KNAPE HANSSON, Négociant, &c.

ULM.

M. CHRISTIAN - ULRICH WAGNER, Membre de l'Académie des Arts-Liberaux & Belles-Lettres d'Augsbourg, Membre & *Secrétaire* de la Société-

Patriotique au Département de la ville & territoire d'Ulm.

M. PIERRE-NICOLAS CHRISTIERNIN, Docteur en Droit, Professeur en Philosophie de cette Université.

M. CHARLE-FRÉDÉRIC GEORGII, Professeur d'Histoire, en la même Université.

M. ANDRÉ-GUSTAVE BARCHÆUS, Professeur-Adjoint de Droit, d'Economie & de Commerce, *ibid.*

M. JEAN LOSTBOM, Professeur d'Economie, *ibid.* Membre de la Société des Sciences & des Arts de Gothenbourg.

M. CHARLES DE LINNÉ, Docteur en Médecine, Archiatre-Royal, Professeur en Méde-

COMITÉS. | cine & en Botanique, Chevalier de l'Ordre de l'Etoile - Polaire, Membre des Académies & Sociétés de Stockholm, Upsal, Paris, Petersbourg, Londres, Florence, Berlin, Montpellier, Toulouse, Berne, Edimbourg, Rotterdam, Drontheim, Zell, Philadelphie, & de plusieurs autres.

HOMBOURG - EZ - MONTS,

CHEF-COMITÉ.

SON ALTESSE SÉRÉNIS-
SIME MONSEIGNEUR LE
LANDGRAVE , *Protecteur* de
la Société.

M. ELIE NEUHOF , Con-
seiller de la Régence de S. A.
Séréniffime.

M. N. PARADIS, (*) Confeiller
de S. A. S. Mgr. le Landgrave de
Heffe-Hombourg, Confeiller actuel de S. A. S. E. Mgr. l'Electeur
Duc de Baviere, Membre ordinaire & Correfpondant des Socié-
tés-Royales Britanniques & de
Suede ; & des Sociétés Electorales
de Brunfwick-Lunebourg, de Baviere & de Saxe, *Secrétaire-Per-*

____

(*) C'eft à M. Paradis , que les lettres & paquets
concernant la Société doivent être adreffés.

D 4

CHEF - COMITÉ.

pétuel de la Société - Patriotique de Hesse - Hombourg.

M. ROQUES, premier Chapelain de la Cour, Conseiller Eclésiastique de S. A. S.

M. JEAN - SEBASTIEN MUHL, Pasteur de l'Eglise Evangelique d'Ober - Eschbach, dans le Comte de Hanau, près Hombourg-ez-Monts.

M. CHRISTIAN ZWILLING, Chapelain de la Cour, & Pasteur de l'Eglise - Réformée - Allemande.

M. GEORGE - ADOLPHE RUPRECHT, Résident - Accrédité de S. A. Sérénissime Monseigneur le Prince de Hohenlohe-Kirchberg, auprès de la ville libre Impériale de Francfort.

M. JEAN - HENRI ARMBRUSTER, Secrétaire du Cabinet de S. A. S.

(Voyez la suite ; à l'article Deux-Ponts.)

N. B. La Sociéte s'eſt impoſé la loi de ne s'aggréger aucun Aſſocié, à moins qu'il n'en ait fait le demande formelle, ſoit au Chef-Comité de Heſſe-Hombourg, ſoit aux Directeurs des Comités particuliers, & qu'il n'ait promis de fournir un contingent littéraire analogue à ſes connoiſſances, & conforme au plan des mémoires que la Société doit publier. Quoique Meſſieurs les Directeurs ayent déja été prévenus ſur la circonſpection avec laquelle ils doivent propoſer de nouveaux Membres à la Société-Patriotique, elle ne ſauroit aſſez inſiſter ſur cet objet. Il en eſt un autre non moins intéreſſant, & qui les concerne auſſi; c'eſt de veiller à ce que les Membres de leurs Comités reſpectifs ſatisfaſſent à leurs engagemens pour les contingens littéraires, & de faire paſſer ſans délais au Chef-Comité les Mémoires qui leur auront été remis à cet effet.